L^{27}_n 13463.

ELOGE
DE
Mr MARCOT,

Premier Médecin Ordinaire du Roi, Médecin des Enfans de France, Professeur en Médecine en l'Université de Montpellier, & Membre de la Société Royale des Sciences de la même Ville.

Lu dans une Séance particuliére de la Société Royale des Sciences, le 6 Juillet 1769.

Par Mr. POITEVIN, Membre de la même Académie.

A MONTPELLIER,
De l'Imprimerie de JEAN MARTEL Aîné,
Imprimeur Ordinaire du Roi & des Etats.

M. DCC. LXXI.

ELOGE
DE
DE Mʀ. MARCOT,

Premier Médecin Ordinaire du Roi, Médecin des Enfans de France, Professeur en Médecine de l'Université de Montpellier, & Membre de la Société Royale des Sciences de la même Ville.

Ustache Marcot, Premier Médecin ordinaire du Roi, & des Enfans de France, Professeur en Médecine de l'Université de Montpellier, nâquit dans cette ville le 15 Février 1636, de Pierre Marcot, Docteur en Médecine de la même Université, & de Demoiselle Gabrielle Eustache.

La nature, qui semble s'écarter de ses loix ordinaires en faveur des hommes célébres, les distingue par ce développement précoce des facultés de l'ame, qui annonce le talent, & qui réclame les soins de l'éducation. L'homme enfant n'a que des besoins physiques : l'avidité de la mémoire, la vivacité de l'imagination, dans un âge où les organes sont si foibles, ne furent pour M^r. Marcot, que des exceptions de la nature, & des garants de la réputation qu'il devoit acquérir; son enfance fut celle de la plûpart des hommes de génie ; il ne connut les difficultés que pour les vaincre, & la forme même des études classiques, si propre à ralentir l'essor de l'esprit des jeunes-gens, & à leur inspirer du dégoût pour les livres, fut pour lui une chose presque indifférente; il sçut en abreger le temps par la rapidité de ses progrès.

M^r. Marcot eut encore le bonheur de trouver dans sa famille même, des leçons & des modéles. Quel éguillon, que des exemples utiles pour une ame généreuse, fléxible & dominée par une ardeur inquiéte qui l'entraînoit vers l'étude! Ainsi, de quelque côté qu'il portât ses regards, son émulation ne pouvoit point l'égarer. Deux professions, quelquefois rivales, jamais désunies aux yeux du Philosophe, puisque le même objet les consacre à l'utilité publique, la magistrature & le barreau, illustroient le nom de sa mere ; & son pere étoit l'un des meilleurs Médecins de son temps : homme intelligent & vertueux, il séma de bonne heure dans l'ame de son fils les principes des vertus, & ceux des sciences rélatives à l'état auquel il le destinoit. Mr. Marcot pouvoit appliquer à son pere l'éloge qu'Horace a fait du sien, & que la reconnoissance avoit dicté à ce Poëte. Cet homme respectable donnoit aux pauvres la dixieme partie de ses honoraires, usage qu'il a constamment suivi jusqu'à sa mort. On peut dire de lui, qu'il fut digne en tout de son fils, qui l'égala pour les qualités du cœur, mais qui devoit le surpasser dans une carriere qui leur fut commune.

Notre Académicien ne reçut pas

des soins fixes & permanents pour son éducation. Nous ignorons par quelles circonstances il étoit tantôt livré à des maîtres particuliers, & tantôt à des hommes chargés de l'éducation publique. Semblable à ces plantes vigoureuses, pour lesquelles le genre de culture est indifférent, & n'apporte aucun obstacle à leur accroissement, le choix des maîtres n'influa point sur ses progrès, qui furent si rapides, qu'à l'âge de treize ans il avoit achevé ses humanités, & qu'il soutint un an après des Théses publiques de Philosophie dans le collége des Jésuites de cette ville.

A peine Mr. Marcot eut-il franchi l'intervalle que ses premieres études avoient mis entre la médecine & lui, qu'il se livra de lui-même à l'étude de cette science ;

de toutes les connoiffances qui fervent d'étay à un art fi conjectural, & dont l'amas, fi l'on peut s'exprimer ainfi, forme le code du médecin, l'anatomie fut celle qui frappa le plus fes regards, & à laquelle il fut le plus conftamment attaché. Il regardoit avec raifon cette analogie précieufe qui, de la connoiffance exacte du fiége de la maladie, ou de l'organe dont la vie particuliere eft attaquée, remonte à l'action des caufes, en fixe les caracteres, & conduit enfin à l'application du remede propre : il la regardoit, dis-je, comme le guide le plus fûr qui pût éclairer les praticiens. La diffection des cadavres étoit à fes yeux la bafe de cette théorie, & le plus fûr inftrument qui pût la perfectionner, comme fi le fecret de la nature n'eût

été

été dévoilé qu'aux feuls Anatomiftes.

Docteur depuis 1702, il ne négligea aucun des moyens qui s'offrent d'ordinaire aux jeunes Médecins pour faire l'effai de leurs talens. Le preftige d'une réputation naiffante, le défir de dévancer des Emules dignes de lui, embelliffoient à fes yeux la carriere qu'il avoit embraffée, & fes fuccès enflammoient fon courage. Uniquement occupé du traitement des Malades, à peine avoit-il le temps de puifer dans les livres, & fur-tout dans les anciens, dont il faifoit un cas particulier, des regles fûres pour la pratique ; le coup d'œil du génie étoit pour lui le fupplément des connoiffances purement théoriques.

Tels étoient fes titres auprès du public, lorfqu'il fe préfenta en

1732 pour disputer une Chaire de l'Université de cette Ville, vacante par la démission de M^r. Astruc, Membre de cette Académie, qui après avoir professé avec éclat à Touloufe & à Montpellier, se fixoit enfin dans la Capitale. Le choix du Succeffeur de M^r. Astruc intéreffoit d'autant plus le public, qu'il étoit peut-être difficile de le remplacer. Homme unique pour l'enseignement, une érudition vaste, une diction aisée & brillante, embellissoient ses leçons & formoient la base de la réputation qu'il avoit acquise. Aucun de ceux qui aspiroient à cette place, n'avoit comme lui le talent singulier de plaire en instruisant, & de conduire sans dégoût la mémoire de ses Auditeurs; mais ils avoient des titres qui leur étoient propres; & parmi ces Antagonistes de Mr. Marcot, on remarquoit sur-tout deux Hommes, depuis devenus célébres, Mr. Fizes & Mr. Ferrein ; le premier, faisant parade des connoissances mathématiques, qui d'abord avoient été le seul objet de ses études, mais qu'il abandonna pour se livrer tout entier à la Médecine-pratique ; le second, qui obtint depuis une place de Docteur-Régent de la faculté de Paris, & l'un des Membres les plus illustres de l'Académie Royale des Sciences, auquel il étoit reservé de sonder les mysteres les plus profonds de l'anatomie. Plus Médecin que le premier, moins Anatomiste que le second, mais réunissant bien des connoissances qui manquoient à ses Antagonistes, Mr. Marcot entra dans la lice avec cette noble confiance qui accompagne ordinairement le génie. Il paroissoit vouloir saisir la palme qu'on lui disputoit, plûtôt que développer ses forces pour la mériter, & il ne s'apperçut du danger qu'il avoit couru, que lorsqu'on lui decerna la victoire.

Nous remarquerons en passant, que dans l'une des théses que Mr. Marcot soutint dans ce concours, on lui avoit demandé si la pratique de l'inoculation étoit avantageuse; & il conclut pour l'affirmative. Cette opinion défendue depuis avec tant de chaleur & d'éloquence par Mr. de la Condamine, commençoit alors à agiter les esprits; il paroît par la maniere dont Mr. Marcot a traité cette question, qu'il étoit très-persuadé des avantages de l'insertion, & qu'il ne présumoit pas que l'on pût mettre en problême son utilité démontrée par l'expérience.

A peine Mr. Marcot fut-il Professeur, qu'une nouvelle place plus flatteuse & plus brillante l'enleva à sa Patrie, à ses Amis & à cette Académie, qui l'avoit adopté depuis plusieurs années en qualité d'Associé-Anatomiste. Il avoit été désigné pour être premier Médecin ordinaire du Roi, l'un des postes le plus honorable pour un François qui s'est consacré à l'étude de la Médecine. Mr. Marcot reçut la nouvelle de sa nomination, & n'en fut pas même étonné ; confiant, sans être présomptueux, il envisagea avec sa sécurité ordinaire, l'importance des nouveaux devoirs qu'il avoit à remplir, & les engagemens qu'il contractoit avec le Prince & avec la Nation ; mais son ame fut déchirée au moment de son départ : peu fait pour le commerce des Grands, accoutumé depuis long-temps à une vie douce & tranquille, estimé de ses Concitoyens, pénétré du regret de rompre ses premieres habitudes, il eût peut-être balancé, s'il n'eût été encouragé par Mr. Chirac, ou pour mieux dire, s'il eût pû resister à sa réputation, qui le dévançoit & qui l'entraînoit malgré lui.

Une épreuve qu'il subit en arrivant à la Cour, mit le sceau à sa célébrité, si l'on peut toutesfois donner ce nom à une guérison singuliere & désespérée dont il fut l'auteur. Les anecdotes les plus communes deviennent intéressantes lorsqu'elles sont liées à l'histoire des Hommes célébres : celle que nous allons rapporter fera voir combien les Médecins sont exposés à être les jouets des événemens, & en même-temps, combien notre Académicien étoit accoutumé à guérir.

Mr. Marcot arrive à la Cour, & il est présenté à Mr. le Cardinal de Fleuri; il le trouve plongé dans une tristesse extrême, causée par l'état désespéré où se trouvoit alors Mr. l'Evêque de Senlis, avec lequel ce Ministre étoit uni par l'attachement le plus tendre. A peine s'est-il nommé, que son Eminence le presse de voler à Senlis, Mr. Marcot obéit & part; il rencontre le fameux Mr. Dumoulin, qui revenoit persuadé que la maladie de Monsieur de Senlis étoit incurable: il l'aborde, se nomme, l'interroge, le presse de lui donner quelques éclaircissemens sur la nature de la maladie; Mr. Dumoulin lui répond froidement : *Vos foins, Monfieur, font trop tardifs, M. de Senlis eft perdu.* Ce pronoftic fut le feul renfeignement qu'il donna à M. Marcot. Livré à lui-même, il prend le parti de s'enfermer auprès du malade, & ne s'en fépare qu'après lui avoir rendu la vie & la fanté. Le Prélat rappellé à lui-même voulut recompenfer fon libérateur, qui repouffa fes offres avec autant de nobleffe d'ame qu'il avoit apporté de foins & de fagacité à fa guérifon. Ce fuccès & ce défintéreffement furent pour Mr. Marcot de nouveaux titres lorfqu'il reparut à la Cour. M. le Cardinal de Fleuri l'embraffa avec tranfport ; & fans lui donner le temps de refpirer, il le préfenta en habit de voyageur au Roi, qui apprit de la bouche même de Mr. Marcot, l'hiftoire de cette

guérifon

guérison inespérée.

Depuis cette époque, Mr. Marcot ne s'occupa plus que des devoirs de son nouvel état ; tout ce qui y étoit étranger, lui devint absolument indifférent. Ennemi des brigues & des cabales, renfermé dans lui-même, c'étoit le sage d'Aristippe, vivant au milieu de la Cour, avec cette différence qu'il avoit banni la volupté de son système philosophique, il le bornoit à l'observation de la nature ; la méditation étoit l'aliment de son génie, & il dédaignoit toute espece de reputation littéraire.

L'amour que les François ont pour leur Souverain, & qui se reproduit sous tant de formes, étoit pour M. Marcot, une passion dominante, que l'on permette ce terme. Rapproché par état de la

C

personne sacrée du Roi, l'habitude de le voir & de l'admirer, avoit renforcé chez lui ce sentiment si cher & si naturel à ses compatriotes. Dans cette époque terrible, lorsqu'en 1744, la mort menaçoit les jours du Pere des Peuples, Mr. Marcot ramassa toutes les forces de son ame : placé à côté du Monarque, il vit le danger & la ressource ; il étoit entouré de Médecins, animés comme lui d'un zèle patriotique ; mais que pouvoit le zèle dans ces circonstances, sans le secours du génie ? Mr. Marcot prévit le choc des opinions, dans une consultation qui avoit pour objet la conservation du Prince ; l'élite des Médecins n'en imposa point à sa mâle expérience ; il cessa pour la premiere fois d'être modeste, il ne pouvoit l'être sans crime; il ofa propofer & foutenir fes idées avec chaleur, & fa fermeté fauva l'Etat. Sa conduite & fon habileté durent lui faire bien des jaloux; infenfible aux traits de l'envie, il ne fe livra qu'au plaifir de partager la joye de la Nation. Le dépit lui arracha cependant quelques plaintes, mais qui n'éclaterent qu'en fecret; il ne voyoit pas de fang-froid que l'on voulût lui enlever l'honneur de la guérifon du Roi; mais, nous le repétons, ce n'eft qu'au fein de l'amitié qu'il dépofa ce chagrin paffager; & c'eft fans fondement qu'on lui a attribué quelques traits lancés contre Mr. de la Peyronie dans une brochure anonyme qui parut peu de tems après. Son caractère l'éloignoit trop de ces fortes de quérelles, qui fans aucun profit réel pour l'art, ne font propres qu'à amuser le public aux dépens des écrivains qu'elles aviliffent.

Les libéralités dont le Roi a comblé en différens tems Mr. Marcot, étoient des preuves de la protection qu'il lui accordoit. Sa Majesté lui donna au mois de Mars 1752, une pension de deux mille livres, *comme une marque de la satisfaction qu'elles reffentoit de fes fervices*; ce font les termes même du Brevet; & deux ans après, elle lui donna une pareille fomme à prendre chaque année *par forme d'appointement*.

Econome fenfé, & fachant plus jouir de lui-même que de fa gloire, & de fa fortune, il paroît que Mr. Marcot n'avoit plus rien à fouhaiter; mais le défir inquiet de revoir fa patrie, vint troubler la tranquillité dont il jouiffoit, &

il forma le projet de revenir en Province ; cette idée l'occupoit agréablement, lorſqu'il fut atteint d'une apopléxie dont il mourut le 20 Août 1755, dans la ſoixante-dixieme année de ſon âge.

Nous ne l'avons préſenté juſqu'à préſent que comme un Praticien célébre ; & en effet c'eſt ſous ce point de vue qu'il s'eſt fait principalement connoître. Enlevé à cette Académie par le poſte important qu'il a rempli juſqu'à ſa mort, les travaux académiques lui devinrent abſolument étrangers ; il demanda la vétérance qu'il obtint, & la Société Royale vit toujours avec plaiſir ſon nom dans la liſte à côté de ceux des Chycoineau, des Lapeyronie, que des fonctions ſemblables avoient fixé loin d'elle & de leur patrie commune.

Ce que nous avons dit du caractere de Mr. Marcot, en avançant qu'il dédaignoit toute espece de reputation littéraire, est confirmé par un trait remarquable; il brula tous ses manuscrits quelques années avant sa mort. Les mémoires qu'il nous a laissés, dont deux ont été imprimés dans le recueil de l'Academie Royale des sciences, nous font regretter ceux dont la défiance qu'il avoit de ses talens nous a privés; & la perte réelle que sa modestie nous fait éprouver, augmente à nos yeux le prix de ceux qui nous restent.

Dans l'un de ces mémoires, qui a pour objet un enfant monstrueux, observation importante par elle-même, quand même Mr. Marcot se seroit borné à nous en donner une description exacte, on découvre bien la maniere propre à l'Auteur. Après avoir décrit avec l'attention la plus fcrupuleufe cet enfant difforme, qui fait l'objet de fes recherches, & qui, entr'autres fingularités, offroit celle d'être venu au monde fans aucun veftige de cerveau ni de cervelet, il examine quelle peut être la génération des monftres. L'opinion du pere Malebranche lui paroît infuffifante pour l'explication de ces écarts de la nature. Quelque empire que l'on accorde à l'imagination de la mere fur le Fétus, comment s'opèrent les effets même de cette imagination ? N'eft-il pas plus fimple d'attribuer au défaut de nourriture les difformités de certaines parties, & de regarder ce défaut de nourriture comme l'effet d'une compreffion quelconque ?

Mr. Marcot examine dans quels cas cette compression peut avoir lieu, & comment elle occasionne cette privation de nourriture, par laquelle certaines parties du Fétus doivent s'oblitérer. Ainsi, conduit par son sujet, il passe de l'examen anatomique d'un enfant monstrueux, à des vues plus étendues & plus générales. Son explication plus satisfaisante que celle du Pere Malebranche, a eu depuis le bonheur d'être adoptée par différens Auteurs, & en particulier par Mr. de Buffon, dans son histoire naturelle.

Une autre observation non moins importante de Mr. Marcot, roule sur un polype du cœur. Il s'étonne au commencement de son mémoire, que l'on s'obstine à nier l'existence de ces sortes de polypes, malgré les assertions de Tulpius, de Malpighi, & de plusieurs autres Anatomistes célebres ; & il prend le parti, pour éviter toute dispute sur le mot, de donner à la maladie particuliere, qui fait l'objet de sa dissertation, le nom de tumeur anevrismale & polypeuse de l'artère aorte. Il passe ensuite, suivant sa méthode ordinaire, à la recherche des causes de ces polypes. Il observe que les concretions qui se forment dans les corps des animaux, doivent leur existence aux dépôts des sables que les urines charrient, & en général aux molécules terreuses des alimens, qui s'unissent ensemble. L'analogie nous conduit donc à expliquer la génération du polype, par l'application des parties les unes contre les autres, que l'on appelle *juxtà-position*; & leur organification particuliere semble dériver de la même cause. Il se présente encore un moyen très-naturel d'expliquer leur végétation, par l'allongement & l'expansion des fibres & des vaisseaux, qui entrent dans la composition des artères. Mr. Marcot reste cependant dans un pyrronisme très-sage sur ces différens systêmes; il les abandonne pour ne s'occuper que des faits, & pour indiquer aux Médecins les moyens d'imaginer des remedes, propres à prévenir ces sortes de maladies.

On découvre dans tous les mémoires de notre Académicien, la marche scrupuleuse d'un observateur attentif, & le désir d'un praticien qui veut tout subordonner aux progrès de l'art. Mais la plûpart de ses ouvrages ont eu le sort de ceux qui ont paru dans le même temps : deftinés à voir le jour, mais effacés par les découvertes modernes, il ne leur refte gueres que le mérite de leur date ; ils ne peuvent être inférés que par extrait dans le recueil de nos mémoires, & ne doivent être préfentés au public que comme ces rameaux, defféchés par le temps, qui ne fervent qu'à conftater la force & l'ancienneté de la tige qui les a produits.

Mr. Marcot s'étoit marié en 1714. il avoit époufé une femme riche, & il n'en fut pas plus heureux. Il facrifia fa liberté à la volonté d'un pere tendre, auquel les vues de la fortune avoient fait illufion fur le choix de la compagne qu'il lui donna. On a remarqué que les philofophes quand ils fe marient ne sauroient être heureux ou malheureux à demi. Mr. Marcot rompit une chaîne, qu'il trouvoit trop pesante, & il vécut séparé de sa femme, dont il n'a jamais eu d'enfans.

Peu d'hommes, nous pouvons le dire avec confiance, ont été aussi utiles à leur patrie. On a souvent donné le titre de grands-hommes à des hommes ordinaires ; les panégyristes ont quelquefois profané ce mot, oubliant combien la nature est avare de la chose même. Parlons avec moins d'entousiasme ; notre Académicien peut être mis au nombre de ces citoyens honorables, que leurs talens placent au rang des bienfaiteurs de l'humanité ; & sous ce dernier point de vue, personne n'avoit plus de droit que lui à ce tribut d'éloges que les compagnies savantes payent à la mémoire des membres qu'elles regrettent.

Il eût été sans doute à desirer, que ce soin eût été confié à une plume plus éloquente. Eh ! qui auroit mieux pû s'en acquitter, que l'historien même de cette Académie, qui étant déjà l'ame de ses travaux, en est devenu le digne organe, & auquel il étoit reservé de les faire goûter du public? Mr. de Ratte a crû sans doute que les nœuds du sang, qui m'unissoient à Mr. Marcot, que l'intérêt qu'inspire l'attachement, pouvoient suppléer le talent nécessaire pour célébrer un homme de génie. Ce foible essai démentiroit la hardiesse qu'il m'a inspirée, si ses écrits ne m'eussent servi de guide : les efforts que j'ai dû faire pour l'imiter, feront mon apologie. Heureux, si le danger même auquel sa confiance m'expose, peut être effacé par l'aveu public de ma reconnoissance !

EXTRAIT DES REGISTRES

DE LA

SOCIÉTÉ ROYALE DES SCIENCES.

Du Jeudi 27 Juin 1771.

LA Société Royale des Sciences permet à Mr. Poitevin de faire imprimer séparément l'Eloge qu'il a composé de feu Mr. Marcot, sans préjudice de la réimpression qui en sera faite dans les recueils de ladite Société. A Montpellier ce 27 Juin 1771. *Signé* DE RATTE, *Secrétaire perpétuel de la Société Royale des Sciences.*

www.ingramcontent.com/pod-product-compliance
Lightning Source LLC
Chambersburg PA
CBHW060527050426
42451CB00011B/1701